H. Gerd Ohmann

Ravensburger® Hobbykurse

Modeschmuck

Die cenario-Technik für Kreative

Otto Maier Ravensburg

Alle in diesem Buch veröffentlichten Abbildungen und Modelle sind urheberrechtlich geschützt und dürfen nur mit ausdrücklicher schriftlicher Genehmigung des Verlages und der Urheber gewerblich genutzt werden.

CIP-Titelaufnahme der Deutschen Bibliothek

Ohmann, H. Gerd:
Modeschmuck / H. Gerd Ohmann. –
1. Aufl.
– Ravensburg : Maier, 1991
  (Ravensburger Hobbykurse)
  ISBN 3-473-45704-3

© 1991 Ravensburger Buchverlag Otto Maier GmbH
Alle Rechte vorbehalten
Umschlaggestaltung: Ekkehard Drechsel
Fotos: H. Gerd Ohmann
Zeichnungen: H. Gerd Ohmann, Angelika Cichon
Satz: E. Weishaupt, Meckenbeuren
Gesamtherstellung: Himmer, Augsburg
Printed in Germany

94　93　92　91　　4　3　2　1

ISBN 3-473-45704-3

Inhalt

5	*Ein Wort zuvor*
6	*Das System*
7	*Das Material*
11	*Die Technik*
17	*Noch ein paar wichtige Punkte*
19	*Röhrchen* Ein unerschöpfliches Thema
23	*Nostalgie* Die verspielte Note im Schmuck-Design
27	*Schwungvolle Formen* mit plastischem Dekor
31	*Geometrie in Silber* Der Modestil für junge Menschen
35	*Straßreihen* Die dekorative Linie

	39	*Steingruppierungen*
		prägen das florale Design
	43	*Schillernde Farben*
		von Straß und Wismutkristallen
	47	*Straß und Bergkristalle*
		Klassische Elemente des Modeschmucks
	51	*Gebogene Elemente*
		mit dreidimensionaler Wirkung
	55	*Herrenschmuck*
		Selbstverständlich auch für Damen
	59	*Leder und Moosgummi*
		Modische Materialkontraste
		Gestaltungstips auf den Seiten
		22, 26, 30, 34, 38, 42, 46, 50, 54, 58, 63

Ein Wort zuvor

Als vor einigen Jahren die Modelliermasse für das Schmuckbasteln entdeckt wurde, hat sich ein starker Trend zum selbstgefertigten Modeschmuck entwickelt. Viele haben dadurch ihre eigene Kreativität und die Freude am Selbermachen entdeckt. Inzwischen ergeht es dem Modellieren von Broschen so wie vielem anderem in unserem Leben: Der Wunsch nach etwas Neuem wird immer spürbarer.

Mein Ziel war es, dem Schmuckbasteln durch andere interessante Materialien in Verbindung mit einer einfachen Fertigungstechnik neue Impulse zu geben. So entstand in Zusammenarbeit mit der Firma Braumann, einem Spezialisten für Modeschmuck, cenario. Eine Vielzahl von flachen und dreidimensionalen Metallelementen mit hochwertiger Oberflächenveredelung wie Hartvergoldung, Mattierung, Strukturierung oder Patinierung bietet ungeahnte Möglichkeiten, den eigenen Schmuck zu „inszenieren". Dazu werden die Teile spielerisch arrangiert und einfach mit einem Spezialkleber zusammengeklebt. Schon nach etwa 30 Minuten kann in vielen Fällen das fertige Schmuckteil getragen werden.

Diese neue Schmuckfertigungstechnik dürfte Jung und Alt gleichermaßen begeistern. Lassen auch Sie sich von dem Material und seinen Möglichkeiten faszinieren.

H. Gerd Ohmann

Das System

cenario ist ein System von aufeinander abgestimmten hochwertigen Einzelkomponenten aus dem professionellen Schmuckbereich, die von Hobbykünstlern zu „individuellem" Modeschmuck verschiedenster Stilrichtungen durch einfaches Kleben verarbeitet werden.
Trotz der Vielseitigkeit der Formenauswahl lassen sich beliebige Schmuckelemente mitverwenden, die vielleicht noch von anderen Schmuck-Fertigungstechniken vorhanden sind. Sie geben dem Schmuck oft eine ganz persönliche Note. Selbst Teile von defektem oder „ausgedientem" Modeschmuck finden hier Verwendung. Durch sie kann das neue Schmuckstück zu einem echten Unikat werden.
Ohne aufwendige Entwurfsarbeit legen Sie spielerisch – wie mit einem Baukasten – einzelne Originalteile zusammen. Durch Umgruppieren, erneutes Arrangieren und weiteres Experimentieren ergeben sich zahlreiche Variationen. Wenn Ihnen ein Arrangement gefällt, kleben Sie es mit dem cenario-Kleber zusammen.
So entsteht Modeschmuck, der von Ihrer Kreativität geprägt ist und der genau Ihren Wünschen entspricht.

Das Material

cenario-Grundelemente sind flache und auch dreidimensionale Metallteile, die die Basis für diese neue Schmuck-Fertigungstechnik bilden. Ihre Oberflächen sind glatt oder strukturiert, hartvergoldet oder platiniert (silberfarbig), mattiert oder dunkel gefärbt (altgold, altsilber).
Speziell auf die Grundformen abgestimmte Metallzierteile, gefaßte Steine und Ketten vervollständigen das Programm.
Um das Schmuckstück tragen zu können, muß eine Befestigungsmechanik aufgeklebt werden. Kettelstifte (Drähte mit angebogener Öse) werden als Anhängeröse in Röhrchen geklebt. Andere Anhängerösen sind mit einer Klebeplatte gefertigt. Broschennadeln mit einer aufklebbaren Leiste gibt es in verschiedenen Längen. Weitere Mechaniken zum Aufkleben sind: Ohrclips, Schalclips, Gürtelschließen, Schuhclips, Reversstecker und Krawattenschieber.

Das gesamte Material ist im Bastelhandel erhältlich, aber auch vorhandene Teile aus anderen Schmuck-Basteltechniken oder von nicht mehr tragbarem Modeschmuck können mit verarbeitet werden. Eine materialgerechte Verklebung erreichen Sie mit dem cenario-Spezialkleber und seinem speziellen Reiniger. Für eine bestimmte Technik wird zusätzlich ein schnellhärtender Zweikomponentenkleber verwendet.

Als Hilfsmittel benötigen Sie Wattestäbchen, Klebefilm, Zahnstocher, fusselfreie Tücher zum Reinigen, ein Poliertuch, eine spitze Pinzette und Haushaltsfolie oder Blumenfolie zum Abdecken des Arbeitsplatzes.
Die nachfolgenden Zeichnungen zeigen in Originalgröße die Umrisse der Grundformen, die für die Beispiele in diesem Buch verarbeitet wurden. Die Nummern dienen einer besseren Orientierung; Sie finden sie in der Materialaufstellung zu den Fotos wieder.

Dreidimensionale Grundelemente

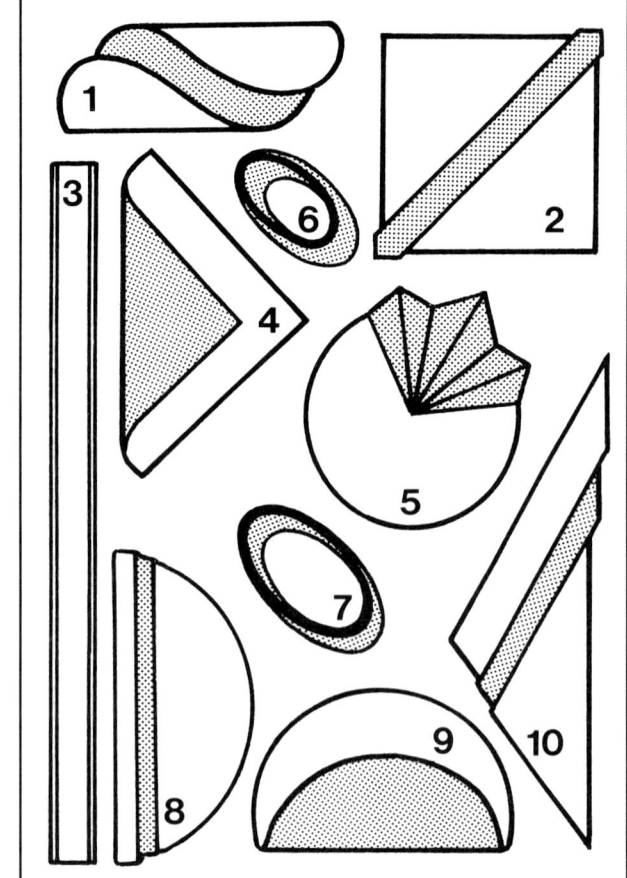

1 Röhre mit wellenförmiger Öffnung
2 Quadrat mit Rinne
3 U-förmige Schiene
4 Quadrat mit übergeklappter Ecke
5 Kreis mit Fächerteil
6–7 verschobene Ellipse
8 Halbkreis mit Rinne
9 Kreis mit übergeklapptem Abschnitt
10 Dreieck mit Rinne

Flache Grund-
elemente, Ringe und
Röhrchen

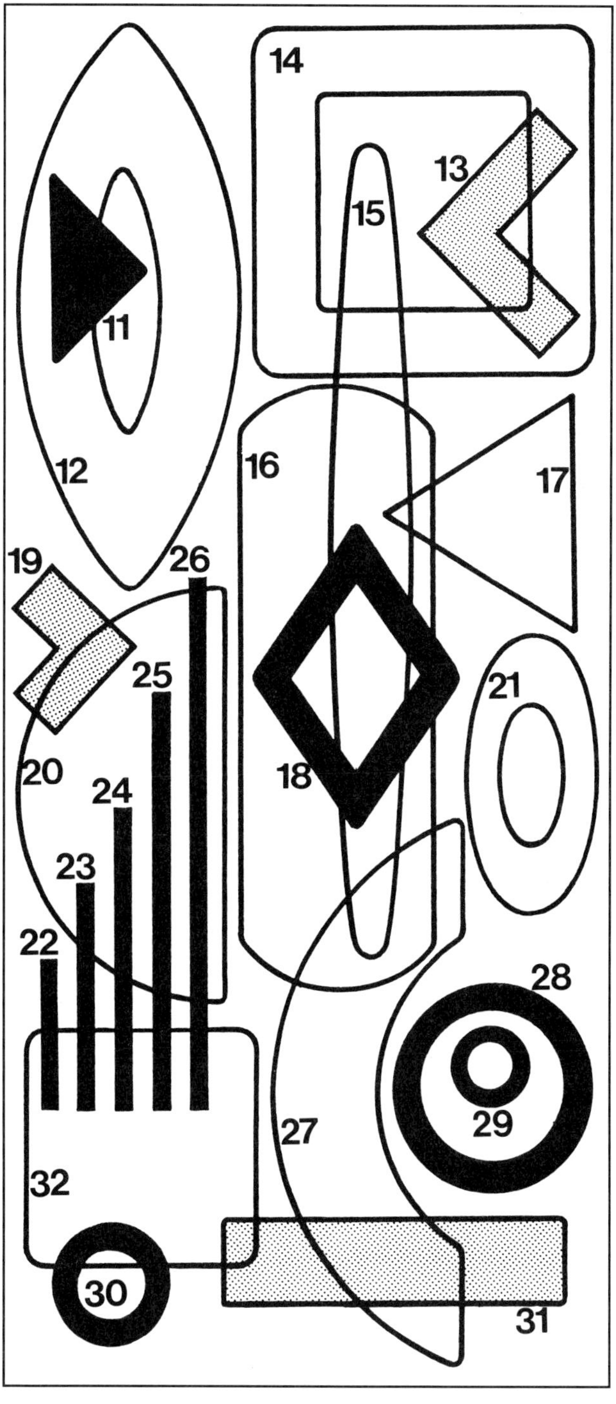

11 rechtwinkliges
   Dreieck
12 Linse mit
   Ausschnitt
13 Winkelform
14 Quadrat mit
   Ausschnitt
15 schmale, lange
   Ellipse
16 Rechteck mit
   gebogenen
   Schmalseiten
17 gleichseitiges
   Dreieck
18 Raute mit
   Ausschnitt
19 Winkelform
20 Halbkreis
21 Ellipse mit
   Ausschnitt
22 – 26 Röhrchen,
   2 mm ⌀
27 Kreisbogen
28 – 30 Ringe
31 Rechteck
32 Quadrat

Flache Grundelemente und quadratischer Rahmen

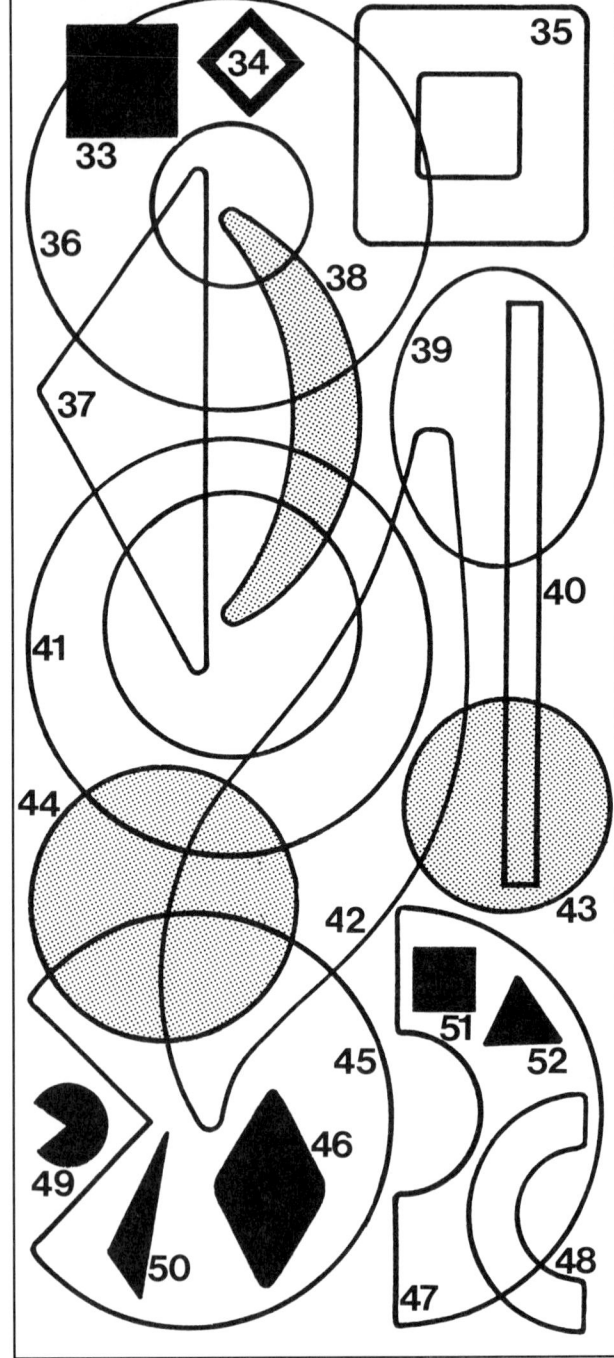

33 Quadrat
34 quadratische Stegrahmen
35 Quadrat mit Ausschnitt
36 Kreisring
37 Dreieck
38 Sichelform
39 Ellipse
40 schmales, langes Rechteck
41 Kreisring mit versetztem Ausschnitt
42 Blattform
43 – 44 Kreise
45 Kreis mit ausgeschnittenem Segment
46 Raute
47 – 48 Halbkreisringe
49 – 52 kleine geometrische Teile

Die Technik

Die Entwurfsarbeit besteht in erster Linie im Arrangieren des Materials. Bereits im Geschäft sollten Sie sich, soweit dies möglich ist, durch Probieren mit den Originalteilen über das Aussehen Ihres späteren Schmuckstücks eine klare Vorstellung verschaffen, bevor Sie sich zum Kauf entscheiden. Das ist der Vorteil dieser Basteltechnik gegenüber vielen anderen Techniken: Sie haben beim Entwerfen stets das Produkt plastisch vor Augen. Das Festlegen der endgültigen Positionen, das exakte Ausrichten und schließlich das Zusammenkleben kann in aller Ruhe zu Hause erfolgen.

Eine saubere und dauerhafte Verklebung ist neben der Gestaltung das Wichtigste bei dieser Schmuckherstellung. Ihr ist eine ausführliche Anleitung gewidmet.

Alle Teile werden nur verklebt

Alle Schmuckteile lassen sich verkleben. Die Festigkeit der Verklebung ist jedoch unterschiedlich. Grundsätzlich gilt: Je größer die Klebefläche, desto fester die Klebeverbindung. Wichtig ist eine materialgerechte Verarbeitung, darum beachten Sie folgende Punkte:
1. Der cenario-Spezialkleber ist ein Schnellkleber auf Cyanacrylatbasis, der speziell für das Material und die Technik entwickelt wurde. Er klebt galvanisch veredelte Oberflächen, ohne sie anzugreifen, und gleicht kleine Unebenheiten und leichte Wölbungen aus. Trotz seiner dickflüssigen Konsistenz nutzt er die Kapillarwirkung, das heißt, er kriecht in die feinsten Materialspalten und

reagiert dort innerhalb weniger Sekunden. Seine Reaktion ist verzögert eingestellt, um sofortige Korrekturen zu ermöglichen. Das für diese Klebeart typische Ausblühen ist sehr gering. Darum können Sie nicht irgendeinen handelsüblichen „Schnellkleber" verwenden.
2. Alle zu verklebenden Teile müssen fettfrei sein. Gereinigt werden sie mit spülmittelhaltigem Wasser (danach gut abtrockenputzen) oder mit cenario-Reiniger.
3. Klebstoff einseitig dünn auftragen! Trotzdem muß bei leicht gewölbten, unebenen oder strukturierten Flächen etwas mehr Klebstoff verwendet werden, um Hohlräume zu überbrücken. Richtig zu dosieren, daß kein Kleber seitlich austritt und sichtbar wird, bringt die Erfahrung mit sich.
4. Setzen Sie alle Teile exakt und möglichst waagerecht ohne Druck auf. Eine notwendige Korrektur erfolgt durch leichtes Verschieben. Mit dem Finger (bei kleinen Teilen mit einem Zahnstocher) leichten Druck auf das zu verklebende Teil ausüben. Dadurch erhalten die Stellen, die sich am nächsten liegen, Materialkontakt. Der danach verbleibende dünne Klebstofffilm zwischen den Teilen ist die Voraussetzung für eine optimale Klebeverbindung. Der Kleber reagiert sofort. Klebstoff, der sich in Hohlräumen befindet, benötigt längere Zeit zum Festwerden. Manchmal entsteht selbst bei längerem Druckausüben keine Haftung. In diesem Fall muß das Teil einige Zeit ruhen, bis der Kleber fest geworden ist.
5. Ist eine Korrektur durch Verschieben nicht mehr möglich, so muß das Teil wieder abgenommen werden. Tragen Sie noch mal etwas Kleber auf und setzen es erneut auf.
Fest gewordener Klebstoff muß vor einem weiteren Verkleben entfernt werden!
6. Teile mit wenig Fläche wie z. B. Röhrchen oder Elemente aus feinen Stegen können nur eine geringe Menge Kleber aufnehmen, darum ist ihre Verklebung nicht sehr widerstandsfähig. Vermeiden Sie schon beim Entwurf, solche Teile weit überstehen zu lassen, denn durch die Hebelwirkung können sie sehr leicht abgerissen werden. Als Faustregel gilt: Bei überstehen-

den Teilen sollten wenigstens zwei Drittel der gesamten Fläche verklebt werden.

Die Wirkungsweise des Klebers

Die Wirkungsweise des Klebers läßt sich in drei Phasen beschreiben.
1. Phase: Der Kleber zieht bei direktem Materialkontakt an, das heißt, das zu verklebende Teil ist fixiert und kann sich nicht mehr verschieben. Dies geschieht nach kurzer Druckeinwirkung in wenigen Sekunden. In Hohlräumen und bei fehlendem Materialkontakt ist er noch flüssig.
2. Phase: Der gesamte Klebstoff ist fest. Die Dauer bis zum Festwerden hängt von der Klebstoffmenge und der Belüftung der Klebestelle ab. Sie kann wenige Minuten oder Stunden betragen.
3. Phase: Der Klebstoff ist nach etwa 24 Stunden ausgehärtet. Jetzt ist die Verklebung voll belastbar.

Arbeitsunterlage

Hilfreich ist eine kleine transportfähige Arbeitsunterlage. Nehmen Sie dazu ein Frühstücksbrettchen aus einer Kunststoffplatte, das ist besonders flach und eben. Auf das Brett kleben Sie mit Klebeband ein Stück Papier mit Karoeinteilung. Ziehen Sie zusätzlich in der Mitte zwei Linien zu einem Fadenkreuz kräftig nach. Die Linien sind Ihnen eine große Hilfe beim waagerechten, senkrechten, parallelen oder symmetrischen Ausrichten der einzelnen Teile. Über das Papier spannen Sie eine transparente Polyethylenfolie (Blumen- oder Geschenkfolie, Haushaltsfolie). Ebenfalls mit Klebeband befestigen. So haben Sie eine ideale transportierbare Arbeitsunterlage, auf der kein Klebstoff haftet.

Richten Sie Ihr Schmuckstück auf der Arbeitsunterlage aus und kleben es in mehreren Arbeitsschritten zusammen. In der Regel beginnen Sie mit dem untersten Teil, das meist auch das größte sein wird, und kleben die übrigen kleineren Teile nacheinander darauf. Legen Sie jedes Teil vor dem Verkleben probeweise auf, merken sich die genaue Plazierung und die Stellen, die Klebstoff erhalten. Führen Sie das mit Kleber bestrichene Teil zu seiner Position, richten es in waagerechter Lage, aber noch wenige Millimeter über der Klebestelle schwebend, exakt aus und setzen es dann ohne Druck auf. Eine leichte sofortige Korrektur durch Verschieben ist in vielen Fällen möglich, bevor Sie durch Druck eine Klebereaktion einleiten und so das Teil fixieren. Wenn eine Korrektur durch Verschieben nicht möglich ist, muß es wieder abgenommen und erneut aufgesetzt werden.

Bei Arbeiten mit kleinen Teilen ist eine Pinzette sehr hilfreich. Mit ihr wird das Teil aufgesetzt und ausgerichtet. Vor dem Entfernen der Pinzette halten Sie es durch Druck mit einem Zahnstocher fest. Nach jedem Klebeschritt sollte Ihr werdendes Schmuckstück einen Augenblick ruhen, um dem Kleber Zeit zum Reagieren zu geben. Ist Klebstoff seitlich ausgetreten, so wird er am zweckmäßigsten vor der nächsten Verklebung entfernt, weil durch den weiteren Aufbau schwer zugängliche Stellen entstehen können.

Das Aufkleben der Befestigungsmechanik

Ist das Schmuckstück fertig, folgt auf der Rückseite das Aufkleben der Befestigungsmechanik wie z. B. Broschennadel, Ohrclip, Anhängeröse, Reversnadel u. v. a. Diese Verklebungen müssen die stärkste Belastung aushalten, darum hier besonders sorgfältig arbeiten. Die gesamte fettfreie Fläche der Mechanik dünn mit Kleber bestreichen, aufsetzen und kurze Zeit Druck ausüben. Herausquellenden Klebstoff mit einem trockenen Wattestäbchen aufnehmen.

Nach etwa 24 Stunden hat der Schmuck seine endgültige Festigkeit erreicht. Er wird noch einmal gründlich gereinigt und poliert. Bis zu diesem Zeitpunkt sollte er nicht in geschlossenen Behältern oder Verpackungen aufbewahrt werden, da sich ein weißer Niederschlag bilden kann, das sogenannte Ausblühen bei Cyanacrylatklebern. Der Niederschlag kann mit Reiniger aber wieder entfernt werden. Am besten ist, Sie lassen den Schmuck offen liegen oder tragen ihn bereits.

Reinigung

Das folgende Kapitel faßt die bei der Schmuckherstellung notwendigen Reinigungsvorgänge zusammen.

Gereinigt werden einmal alle Teile unmittelbar vor der Verarbeitung, um eine dauerhafte Verklebung zu erhalten und zum anderen nach Bedarf vor jedem neuen Klebevorgang, um Klebespuren oder weißmatten Niederschlag zu entfernen. Für diese Arbeiten eignet sich sehr gut der cenario-Spezialreiniger. Mit ihm werden auch zusammengeklebte Finger wieder „befreit", indem Sie reichlich Reiniger zwischen die Finger träufeln und sie dann vorsichtig auseinanderziehen.
Versehentlich an eine falsche Stelle geratener Kleber kann mit einem trockenen Wattestäbchen entfernt werden, wenn dies blitzschnell geschieht. Andernfalls das Wattestäbchen mit Reiniger tränken. Anschließend trocken nachwischen.
Nach jedem Klebevorgang sollten Sie sichtbaren Kleber, sofern er nicht später durch weitere Elemente abgedeckt wird, entfernen. Das ist manchmal sehr mühsam, wenn sich der Klebstoff an schwer zugänglichen Stellen befindet. Gehen Sie behutsam vor, da die frische Verklebung noch nicht sehr widerstandsfähig ist. Auch besteht die Gefahr, daß Reiniger unter die frische, noch nicht getrocknete Verklebung läuft und sie unwirksam macht.
Wählen Sie von Fall zu Fall zwischen folgenden Möglichkeiten:
1. Bei nur geringem Kleberaustritt versuchen Sie, den Kleber mit einem Zahnstocher aufzunehmen; evtl. mit einem neuen Zahnstocher nachreiben.
2. Kleber mit einem reinigergetränkten Wattestäbchen anlösen. Darauf achten, daß kein Reiniger unter die verklebten Teile läuft. Mit trockenem Wattestäbchen gelösten Kleber und die Flüssigkeit aufnehmen. Den Vorgang, wenn notwendig, wiederholen.
3. Hartnäckige Klebstoffreste, besonders in den Ecken und Kanten, mit Reiniger und Zahnstocher abschaben. Mit getränktem Wattestäbchen nacharbeiten und dann trockenreiben.
Wichtig: Gewachste Steine dürfen nicht mit Reiniger in Berührung kommen, da ihr Überzug beschädigt würde.
4. Nach 24 Stunden sollte noch einmal eine gründ-

liche Schlußreinigung erfolgen, da während des Aushärtens bei ungünstigen Luftbedingungen ein stellenweises Ausblühen des Klebers erfolgen kann, was sich als matte oder weiße Flecken bemerkbar macht. Reiben Sie das gesamte Schmuckstück mit Reiniger ab, und polieren Sie es mit einem weichen Tuch nach. Schwer erreichbare Stellen mit Wattestäbchen abreiben und polieren. In den Ecken kann mit einem trockenen Zahnstocher nachpoliert werden.

Noch ein paar wichtige Punkte

- Röhrchen aus Röhrchengruppen werden einzeln auf ihre Unterlage geklebt, dazu den Klebstoff in einem schmalen Strich auf das Röhrchen geben. Wenn Sie es zuvor auf einen Zahnstocher gesteckt haben, läßt es sich bequem transportieren. Zahnstocher erst entfernen, wenn der Kleber angezogen hat. Ist eine exakte Begrenzung möglich, kann der Kleber auch auf die Unterlage gegeben werden. Die Röhrchen legen Sie dann einzeln auf oder als geschlossene Röhrchengruppe, zusammengehalten mit einem Stück Klebefilm.
- Teile, die auf Röhrchen oder Röhrchengruppen geklebt werden, sollten auf ihrer Rückseite mit Klebstoff bestrichen werden. Vermeiden Sie unbedingt das Auftragen von Klebstoff auf geschlossene Röhrchengruppen, da er sich sofort in den feinen Spalten ausbreiten würde. Eine mühsame Reinigung wäre die Folge.
- Um senkrechte Röhrchen mit einer Aufhängeöse zu versehen, verwenden Sie Kettelstifte. Geben Sie Klebstoff auf die gesamte Stiftlänge und schieben sie ganz in das waagerecht liegende Röhrchen. Der Kettelstift wird sich mit der Röhrchenwand verbinden, sichtbar bleibt nur eine ringförmige Öse.
- Ist eine sehr feine Dosierung des Klebstoffs notwendig, z. B. für das Verkleben kleiner Straßsteinchen, so drücken Sie etwas Klebstoff auf eine nichtsaugende

Unterlage. Von dort aus entnehmen Sie kleinste Mengen mit einem Zahnstocher.
- Zier- und Prägeteile mit einem Hohlraum auf der Rückseite werden nach folgender Methode geklebt: Füllen Sie den Hohlraum (nicht unbedingt randvoll!) mit schnellhärtendem Zweikomponentenkleber. Bei sehr großen Hohlräumen reichlich Kleber nur auf der Innenseite in der Nähe des Randes auftragen. Dann legen Sie das Teil umgekehrt, also mit der Öffnung nach unten, auf eine Polyethylenunterlage. Wenn der Klebstoff fest ist, kann es abgehoben werden. Sie haben jetzt eine spiegelglatte Rückseite bzw. einen zur Auflagefläche verbreiterten Rand. Beide lassen sich mit cenario-Kleber weiterverarbeiten.

Hinweise zum gesamten folgenden Bildteil

In dem nun folgenden Bildteil werden Sie Schmuckstücke finden, die nicht eindeutig einem bestimmten Verwendungszweck zugeordnet sind. Viele Schmuckmodelle lassen sich als Ohrhänger, Brosche oder Kettenanhänger fertigen. Entscheiden Sie selbst mit einer entsprechenden Befestigungsmechanik über die Verwendung des Schmuckstücks. Verteilt auf den folgenden Seiten geben Ihnen Gestaltungstips Hinweise für Ihre eigene kreative Arbeit. Selbstverständlich lassen sich nicht alle Tips zusammen in einer Gestaltung berücksichtigen, jedoch ist der eine oder andere gut miteinander kombinierbar.

Röhrchen

Ein unerschöpfliches Thema

Die 2 mm starken Röhrchen in fünf abgestuften Längen sind wohl die beliebtesten und am vielseitigsten verwendbaren Grundelemente. Sie lassen sich mit jeder anderen Form kombinieren. Dabei werden sie einzeln oder in Gruppen eingesetzt. Röhrchengruppen bestehen entweder aus gleichen Längen, die dann verschoben angeordnet werden, oder aus unterschiedlichen Längen. Immer erhält man durch ihre schmale, lange Form einen wirkungsvollen Formenkontrast zu den übrigen Teilen des Schmuckstücks.
Ein weiterer Vorteil, den sie mit den Ringen gemeinsam haben, liegt darin, daß durch andere aufgesetzte Elemente eine plastische Wirkung entsteht. Hierfür finden Sie auf Seite 20 einige Beispiele. Zu beachten ist dabei, daß die neuen Teile nicht zu weit überstehen und auf den Röhrchen und Ringen genügend Klebefläche vorhanden ist, denn einer starken Hebelwirkung könnte die Verklebung nicht standhalten.
Eine weitere sehr beliebte Einsatzmöglichkeit ist die Kombination mit kürzeren, aber dafür stärkeren Röhrchen aus dem vielseitigen Zubehör für das Kettenbasteln. Die einzelnen Elemente werden ineinandergeschoben und verklebt. Wie einzelne Röhrchen wirkungsvoll eingesetzt werden, zeigen in vielen Varianten die Beispiele auf der Seite 21. Schon bei geringstem Materialeinsatz entstehen wunderschöne Ohrhänger.

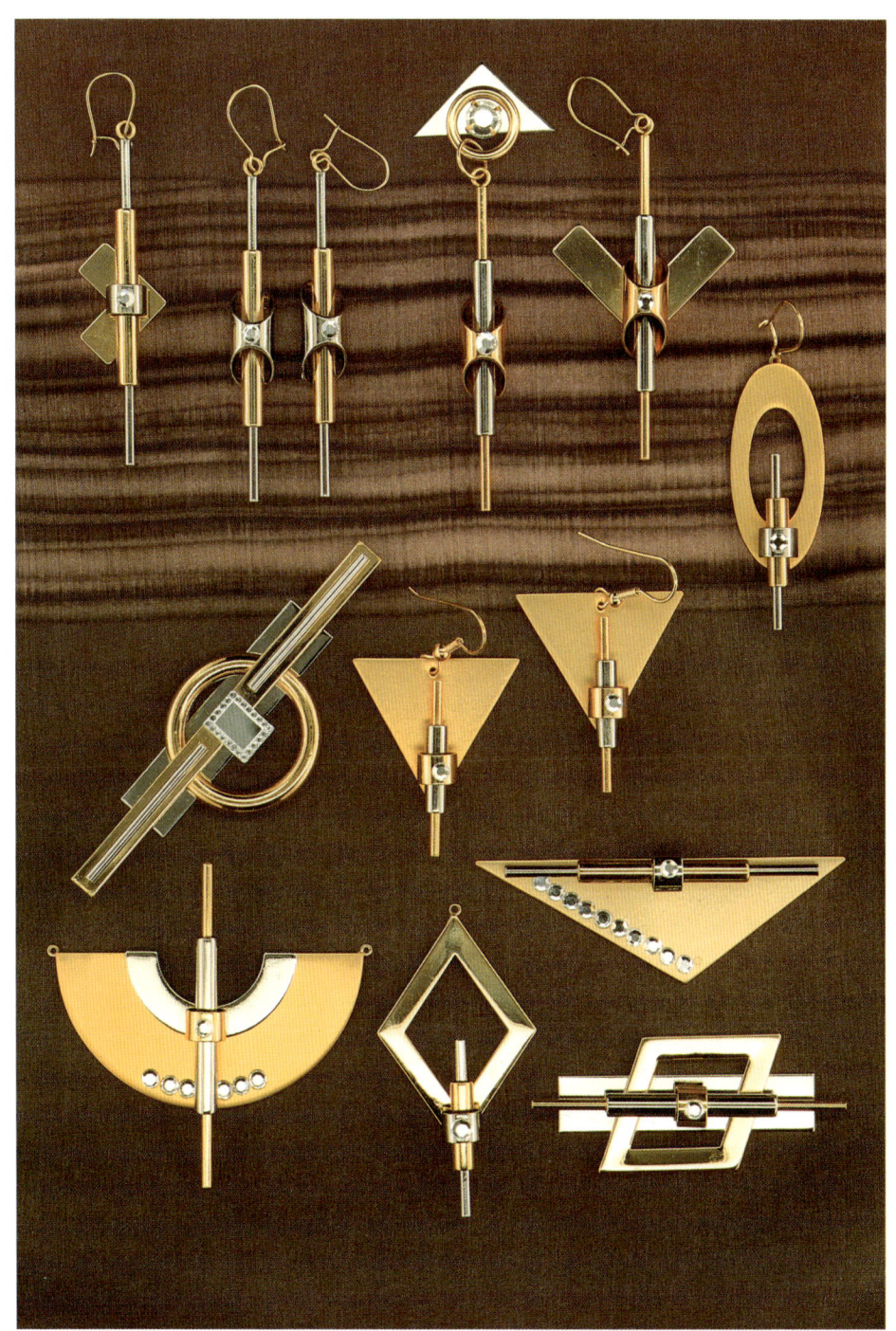

Zu den Abbildungen auf Seite 20
Materialbedarf:
Grundelemente Nr. 11, 22 – 31, 40, 43, kleine quadratische Zierspiegel
Fertigungshinweise:
Zuerst die Röhrchen auf ihre Grundplatten kleben und als geschlossene Einheit weiterverarbeiten. Bei der oberen Brosche wird auf das Rechteck Nr. 31 das schmale, lange Rechteck Nr. 39 geklebt. Das breitere Rechteck nimmt dann die vier Röhrchen auf.

Zu den Abbildungen auf Seite 21
Materialbedarf:
Grundelemente Nr. 11, 13, 17 – 19, 21, 23, 25, 31, 37, 47, 48, verschiedene Röhrchenelemente aus dem Halskettenzubehör, kleine ungefaßte und größere gefaßte Straßsteine
Fertigungshinweise:
Alle Röhrchenkombinationen bestehen aus drei Röhrchen mit verschiedenen Durchmessern. Zuerst kleben Sie das mittlere Röhrchen in das kleine mit dem größten Durchmesser. Anschließend wird das längste Röhrchen eingesetzt.

Gestaltungstip:
Symmetrischer Aufbau

Der symmetrische Aufbau wirkt klar und eindeutig. Das exakte Ausrichten aller Elemente ist unbedingt erforderlich.

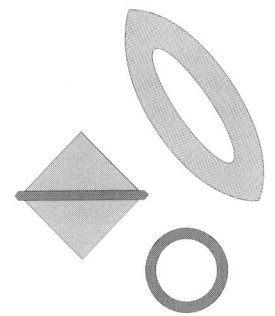

Nostalgie

Die verspielte Note im Schmuck-Design

Ausgegangen wird bei diesen Schmuckgestaltungen von den Grundelementen. Die Verbindung der geometrischen Teile mit Röhrchenkombinationen und quadratischen Rahmen führt zu einer streng grafischen Schmuckserie. Nostalgische Motive in Altgold und hochglänzende Goldröschen bringen zusammen mit den farbigen Straßsteinchen eine nostalgische Note in das Schmuckstück. Die Beispiele auf den Seiten 24 und 25 sollen Sie dazu anregen, weitere Kreationen mit ähnlichem Schmuckzubehör zu schaffen. Aus anderen Schmuck-Basteltechniken gibt es eine Vielzahl von Zierteilen, die Sie für Ihre Arbeiten einsetzen können.

Viele dieser Zierteile müssen für die Verklebung mit dem cenario-Kleber erst vorbereitet werden, weil ihre Rückseiten durch starke Wölbung, Nieten oder Hohlräume keine glatten Klebeflächen bieten. Sie tragen dazu etwas schnellhärtenden Zweikomponentenkleber auf die Rückseite auf und legen das Teil mit der Klebeseite auf eine glatte Polyethylenfolie (z. B. Haushaltsfolie). Lassen Sie es ruhig liegen, bis der Klebstoff hart geworden ist. Wenn Sie dann das Teil von der Folie wieder abnehmen, haben Sie eine glatte Fläche, die sich jetzt mit Spezialkleber weiterverarbeiten läßt.

Der quadratische Rahmen (Nr. 33) mit seinen feinen Stegen ist wichtiges Gestaltungselement der Schmuckserie auf dieser Seite. In horizontaler Lage dient er

teilweise als Umrahmung für einen runden Stein. Die vertikale Stellung macht das Schmuckteil besonders plastisch. Auf die untere Rahmenseite werden die Röhrchen geklebt.

Zu den Abbildungen auf Seite 24
Materialbedarf:
Grundelemente Nr. 17, 20, 21, 24 – 26, 31, 34, 43, gefaßte runde Steine, flache smaragdgrüne Straßsteinchen, geprägte Metallteile in Altgold
Fertigungshinweise:
Zuerst werden die Röhrchen auf die Unterlagen bzw. in die hochstehenden Rahmen geklebt. Im ersten Fall den Kleber auf die Röhrchen geben, im letzten Fall wird die Innenseite des Rahmens mit Klebstoff versehen. Teile, die auf die Röhrchengruppen geklebt werden, auf der Rückseite mit Klebstoff bestreichen.

Zu den Abbildungen auf Seite 25
Materialbedarf:
Grundelemente Nr. 17, 21 – 26, 37, 47, 50, Metallröschen in drei Größen, geprägte Blätter in Altgold, flache quadratische Straßsteinchen
Fertigungshinweise:
Die Metallrosen und die Blätter müssen unbedingt eine glatte Klebefläche erhalten, wie es auf Seite 23 beschrieben ist.

Gestaltungstip:
Asymmetrische Gestaltung

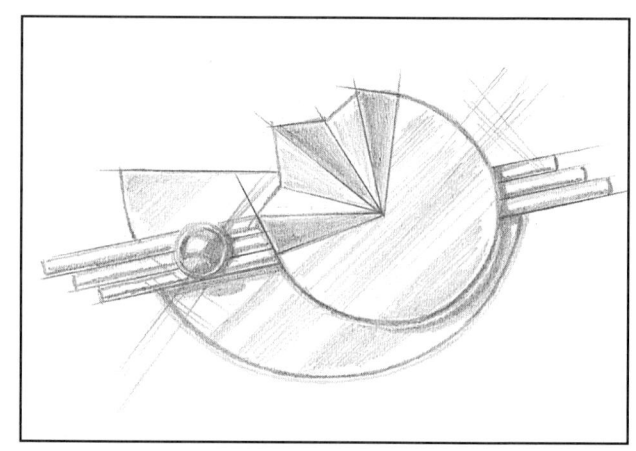

Eine asymmetrische Gestaltung strahlt Dynamik aus. Die einzelnen Elemente müssen so plaziert werden, daß ein Kräfteausgleich hergestellt wird.

Schwungvolle Formen

mit plastischem Dekor

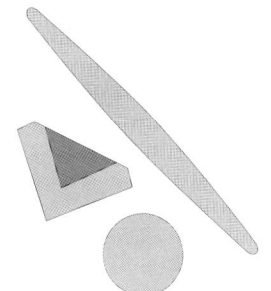

Plastische Formen in glänzendem Gold zieren die mattgoldenen Grundformen. Die Verbindung von streng grafischen Elementen und verspielten Prägeteilen gibt diesem Schmuck eine interessante Optik. Zum Teil lockern goldene Ringe und vergoldete Scheiben, in die Straßsteinchen eingelegt werden, größere Flächen auf, einen Kontrast dazu bilden die exakt angeordneten amethystfarbenen Straßreihen. Ein besonders jugendlich wirkender Modeschmuck!

Hochglänzende Metallteile erhalten mit mattem, farblosem Sprühlack eine schöne, matte Oberfläche. Diese Mattierung ist natürlich empfindlicher als galvanisch behandelte Flächen. Darum beachten Sie die folgenden Hinweise: Der Lack muß wenigstens 24 Stunden durchtrocknen. Reiniger und andere Lösungsmittel greifen die Lackierung an, darum muß so sauber geklebt werden, daß kein Kleber sichtbar wird. Für Klebeverbindungen mit lackierten Flächen müssen die Stellen für den Kleberauftrag mit einem Skalpell freigeschabt werden. Eine interessante Variante zum Mattieren ist das Aufsprühen von bronzefarbenem Auto-Metalliclack. Dadurch verwandelt sich eine glänzende, hellgoldene Oberfläche in ein warmes Altgold.
Für das Verkleben von plastischen Zierteilen lesen Sie bitte die Hinweise auf Seite 18.

Zu den Abbildungen auf Seite 28
Materialbedarf:
Grundelemente Nr. 12, 18, 29, 42, 47, verschiedene geprägte Zierteile, vergoldete Metallscheiben (9 und 12 mm ⌀), gefaßte Steine, ungefaßte Straßsteinchen
Fertigungshinweise:
Die Blütenform besteht aus Straßsteinchen, die auf eine Metallscheibe geklebt werden.

Zu den Abbildungen auf Seite 29
Materialbedarf:
Grundelemente Nr. 18, 20, 36 – 38, 45, verschiedene geprägte Zierteile, gefaßte Steine, amethystfarbene flache Straßsteinchen

Gestaltungstip:
Symmetrisch-asymmetrischer Aufbau

Beginnen Sie mit dem symmetrischen Aufbau. Durch asymmetrisch aufgebrachte Elemente wird die Symmetrie unterbrochen und das Arrangement aufgelockert.

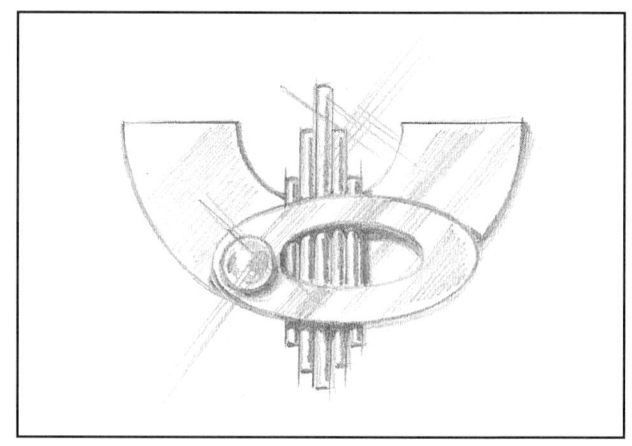

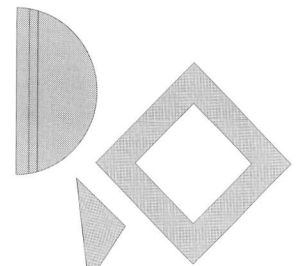

Geometrie in Silber

Der Modestil für junge Menschen

Silberne geometrische Metallformen werden überwiegend in strenger Symmetrie angeordnet. Eine stilgerechte Kombination ist die Verarbeitung mit rundem Kautschukband, das in schwungvollen Bögen von einem Röhrchenende zum anderen oder in einer Linie parallel zu den Röhrchen verläuft. Das Band für den Halsschmuck ist aus demselben Material.

Zu den Abbildungen auf Seite 32
Materialbedarf:
Grundelemente Nr. 2, 8, 14, 15, 17, 24–26, 28, 31, 32–34, 43, 44, 48, 50; Kautschukband in den Stärken 3 und 4 mm, gerade und gebogene Röhrchen in unterschiedlichen Längen aus dem Programm für Halskettenschmuck, gefaßte Steine, saphirblaue flache Straßsteinchen, Schmuckscheibe 19 mm ⌀
Fertigungshinweise:
Schieben Sie das Kautschukband probeweise auf jeder Seite ca. 5–10 mm weit in das Röhrchen und ermitteln Sie die benötigte Länge. Danach einen Tropfen Kleber in das Röhrchen geben und das Band zügig einführen. In die Schiene Nr. 3 wird ein 4 mm starkes Kautschukband geklebt.
Für die mittlere Brosche werden alle Elemente zuerst auf das Rechteck Nr. 31 geklebt. Den Anhänger mit dem Kautschukband fertigen Sie aus dem Grundelement Nr. 2.

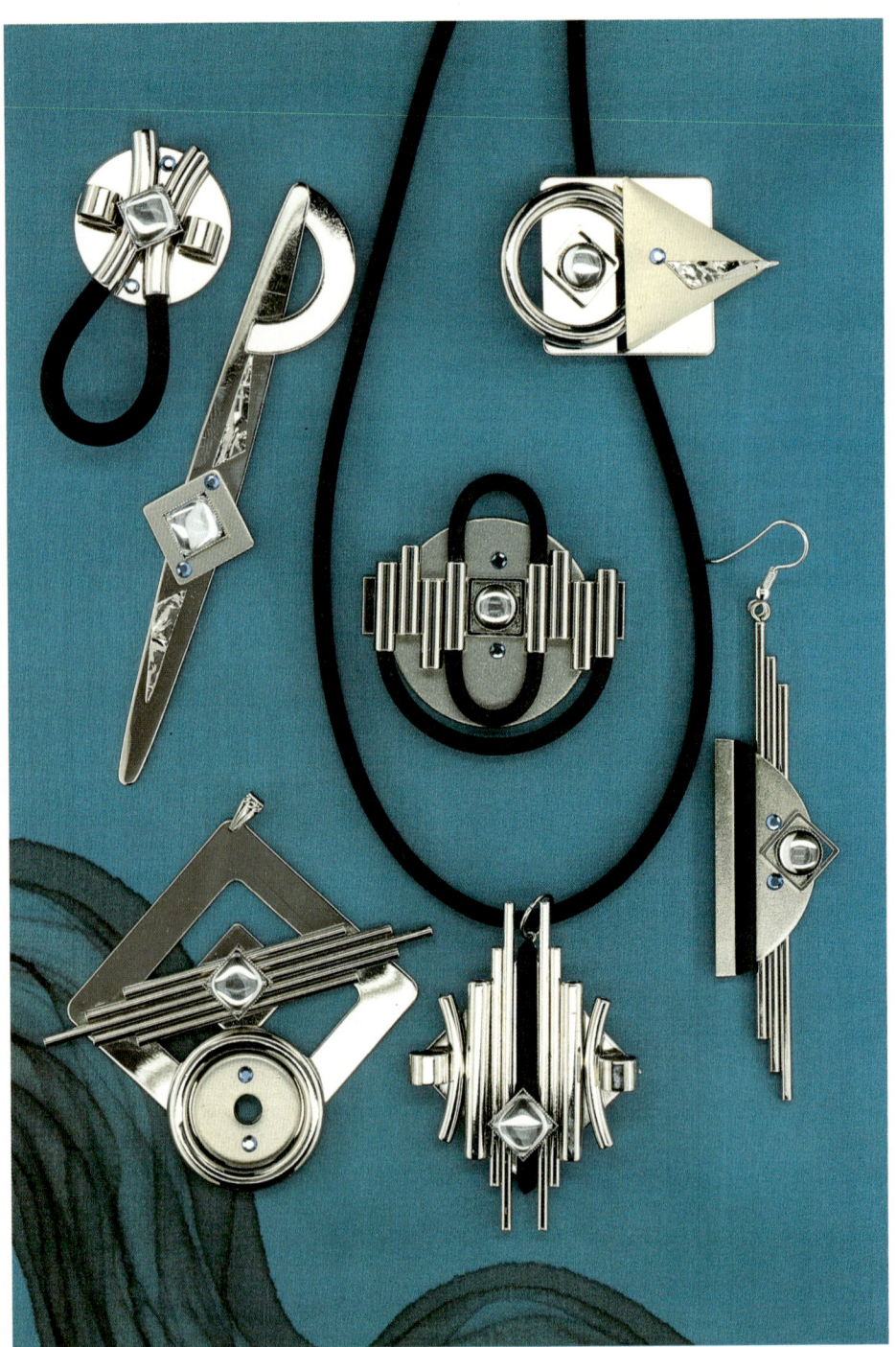

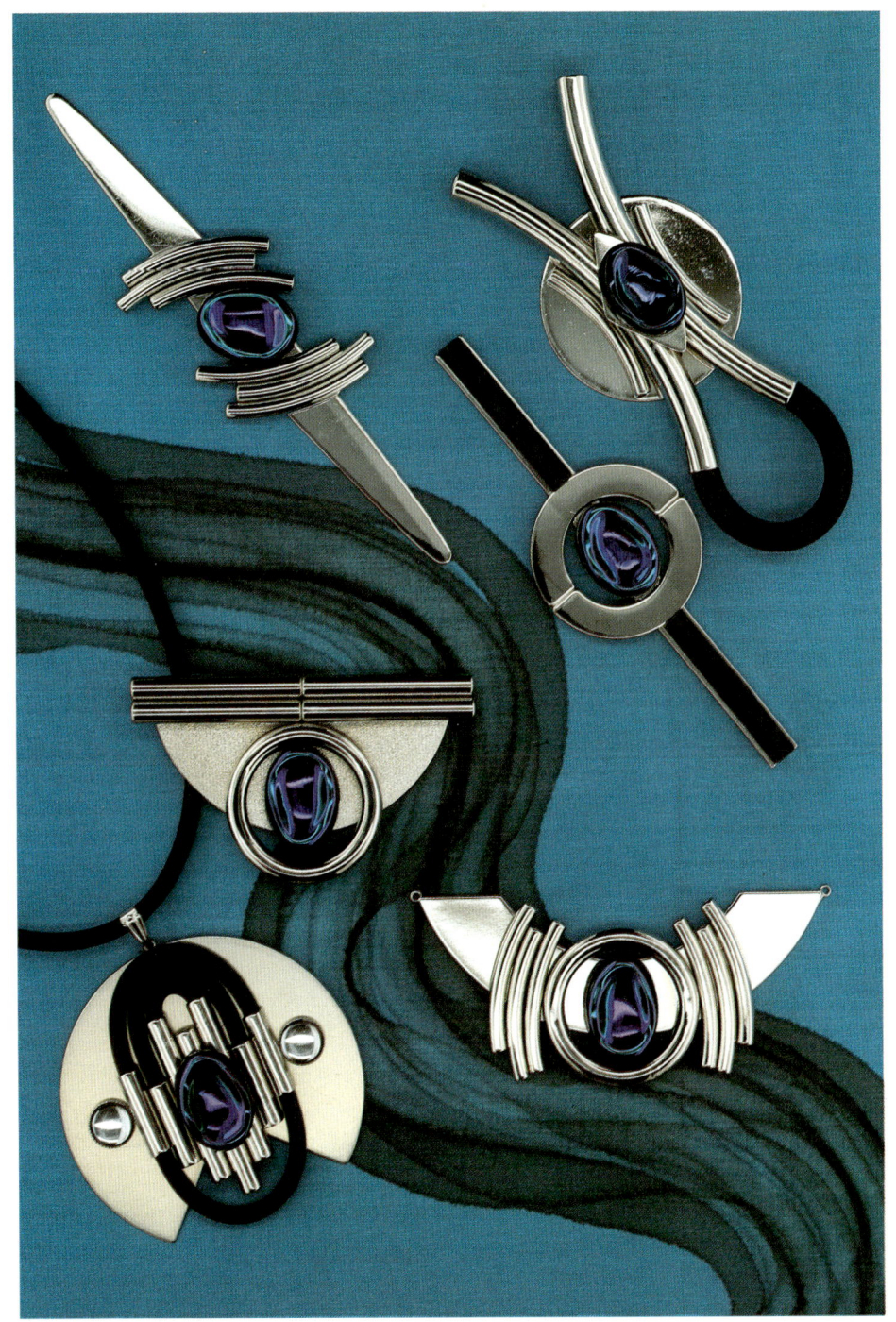

Bei der Brosche oben rechts wird das auf dem Ring liegende Dreieck unsichtbar durch ein quer aufgeklebtes Röhrchen oder ein anderes Teil in der Stärke des Ringes gestützt.

Zu den Abbildungen auf Seite 33
Materialbedarf:
Grundelemente Nr. 3, 15, 20, 27, 28, 44 – 46, 48; rundes Kautschukband in den Stärken 3, 4 und 5 mm, gerade und gebogene Röhrchen in unterschiedlichen Längen aus dem Programm für Halskettenschmuck, ovale Ziersteine in Blau irisierend, gefaßte Steine
Fertigungshinweise:
Entsprechend der obigen Beschreibung

Gestaltungstip:
Oberflächenkontrast

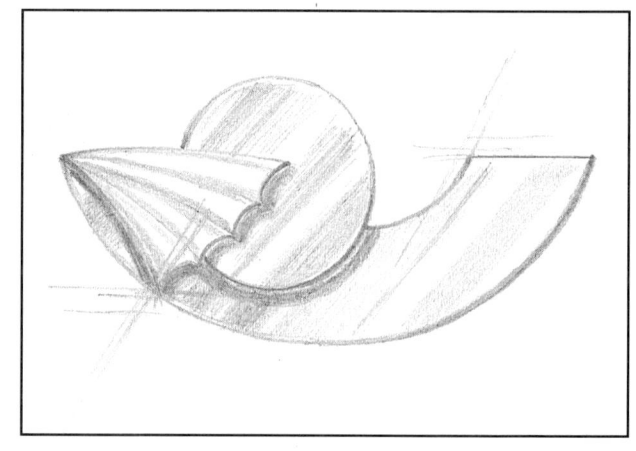

Glänzende oder matte, glatte oder strukturierte Oberflächen bilden interessante Kontraste. Beachten Sie auch den Hinweis zum Mattieren von Grundflächen auf Seite 27.

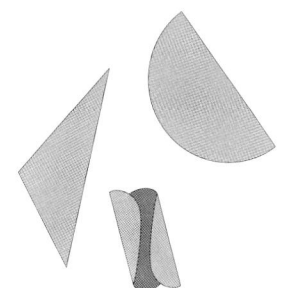

Straßreihen

Die dekorative Linie

Dieser Schmuck wird von seinen dekorativen Straßreihen geprägt, so sind auch die Schmuckformen überwiegend schmal und lang. Das Aufkleben der Straßkesselkette verlangt etwas Sorgfalt und Fingerspitzengefühl vor allem bei den Modellen ohne Führungsrille.

Zu den Abbildungen auf Seite 36
Materialbedarf:
Grundelemente Nr. 1, 3, 8, 10, 15, 18, 22 – 25, 35, 38, 40, 50; Straßkesselkette mit klaren Steinen, Kugelkette, gefaßte Steine, rundes Kautschukband 4 mm stark, Broschennadel 50 mm lang
Fertigungshinweise:
Schneiden Sie die Straßkette um vier Steine länger als sie benötigt wird, damit sie an den Enden besser gehalten werden kann. Zum Aufkleben wird in die Führungsrille Kleber gegeben, die Kette an ihren Enden straffgezogen und eingesetzt. Nach dem Trocknen die überstehenden Glieder abschneiden. Bei Elementen ohne Führungsrille tragen Sie den Kleber auf der Rückseite der Steine auf und setzen sie wie oben beschrieben auf. Bitten Sie eine zweite Person, die Kette über die gesamte Länge leicht anzudrücken, bevor Sie loslassen. So gefertigte Schmuckstücke sind immer etwas empfindlich gegen mechanische Beeinflussung, da die Kette besonders an den Enden nicht geschützt ist. Das Einsetzen der Kugelkette erfolgt auf die gleiche Weise.

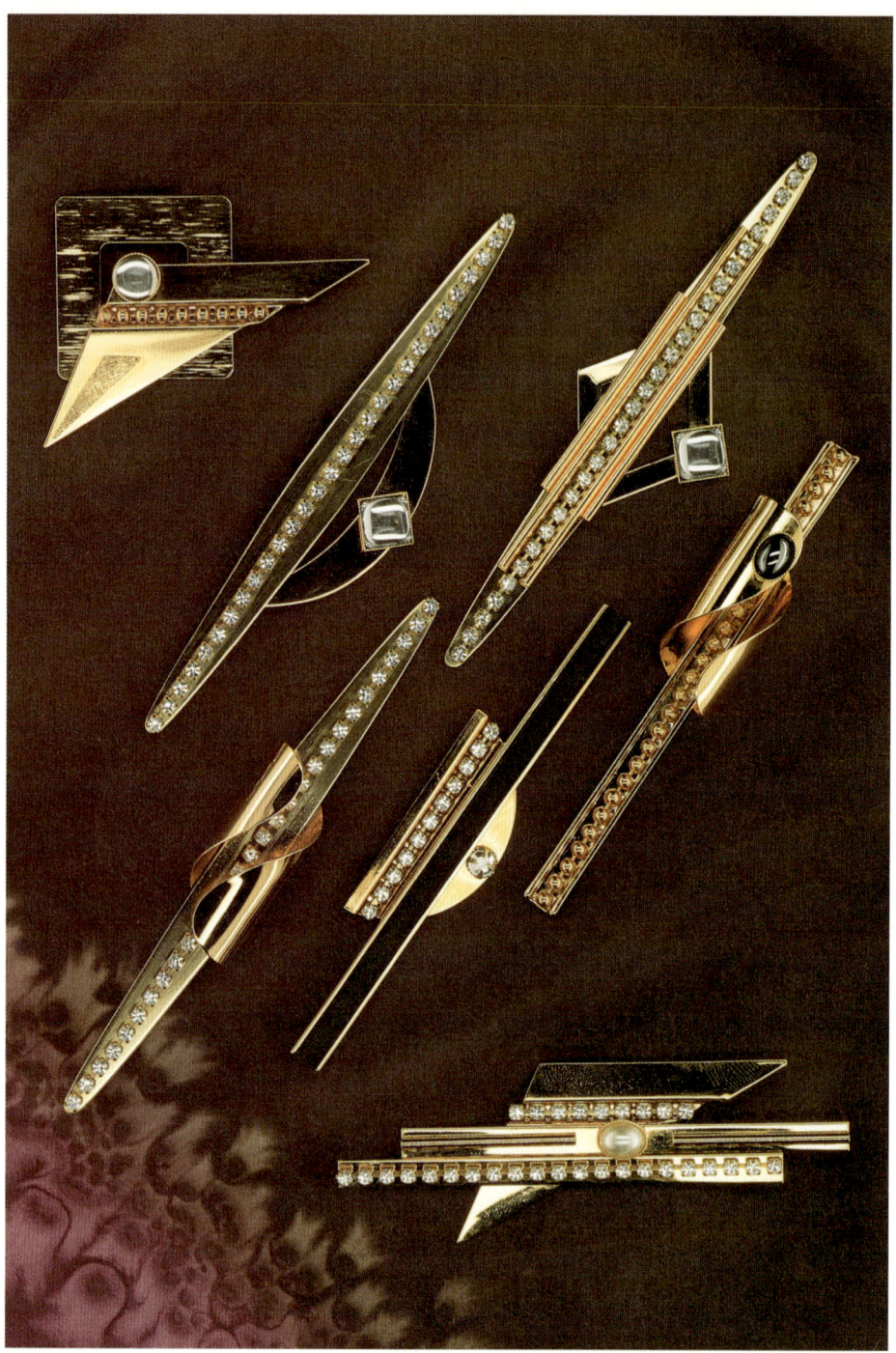

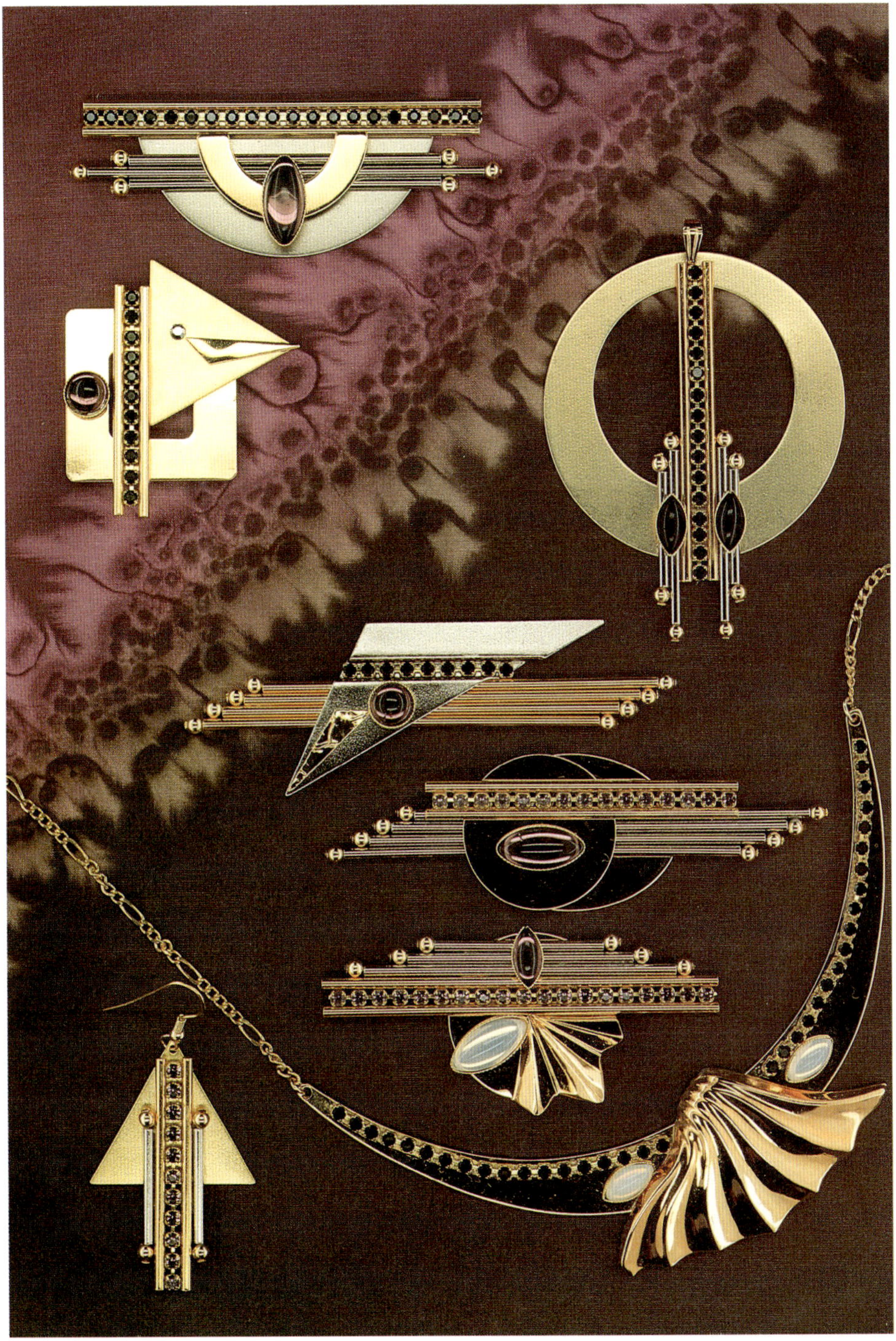

Bei der Fertigung der Stabbroschen mit dem Röhrenelement Nr. 1 kleben Sie zuerst eine lange Broschennadel hinter die Schiene bzw. die lange Ellipse. Die Röhre greift dann um Broschenleiste und Schiene.

Zu den Abbildungen auf Seite 37
Materialbedarf:
Grundelemente Nr. 5, 10, 17, 20, 22 – 26, 35, 39, 41, 43, 48, 50; Straßkesselketten in Amethyst und Schwarz, 3-mm-Goldperlen, goldfarbene Nietstifte; für das Collier: große Collierplatte in Sichelform, Schmuckprägeteil
Fertigungshinweise:
Die Goldperlen setzen Sie mit Hilfe von Nietstiften auf die Röhrchenenden. Perle auf den Nietstift ziehen, Klebstoff an den Stift geben und zügig in das Röhrchen schieben.
Die Straßketten kleben frei zwischen zwei Röhrchen. Dazu die Kette ausgestreckt auf eine Polyethylenfolie legen, auf zwei Röhrchen einen dünnen Klebestrich geben und von beiden Seiten an die Kette schieben. Ruhen lassen, bis der gesamte Klebstoff fest ist. Erst dann zusammen mit den anderen Teilen verarbeiten. Die Straßkette für das Collier auf der Rückseite mit Klebstoff versehen und Stein für Stein aufsetzen.

Gestaltungstip:
Farbkontrast

Hellgold oder Altgold, Hellsilber oder Altsilber miteinander kombiniert, bringen Farbe in die Gestaltung. Solche Schmuckstücke sind zu fast jedem Kleidungsstück zu tragen.

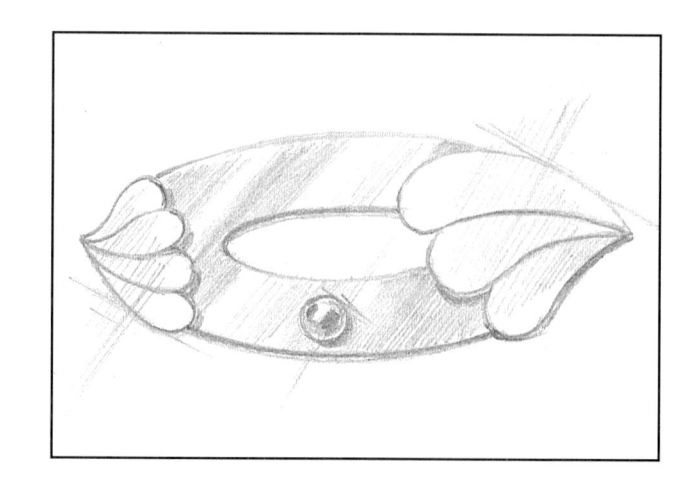

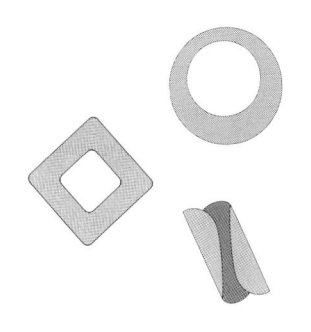

Steingruppierungen

prägen das florale Design

Die überwiegend spitzovalen Steine wirken durch ihre Form und ihre Anordnung wie Blütenranken. Eine außergewöhnliche Schmuckserie, die sich aus meist sehr zierlichen Gestaltungen zusammensetzt.

Zu den Abbildungen auf Seite 40
Materialbedarf:
Grundelemente Nr. 29 – 31, 38, 44; große Collierplatte in Sichelform, fächerartiges Schmuckprägeteil, runde und spitzovale gefaßte Steine in Amethyst und Mondstein, Creolen (Ohrringe) in 25 und 40 mm ⌀
Fertigungshinweise:
Das kleine Collier besteht aus den zwei Grundformen Nr. 38, die zusammengeklebt werden.
Die Creolen befestigen Sie hinter dem Sichelelement Nr. 38, bevor Sie die Steine aufkleben. Legen Sie das Element mit der Rückseite nach oben auf eine Polyethylenunterlage und ordnen Sie die Creole darüber an. Geben Sie dann auf die beiden Kontaktstellen reichlich schnellhärtenden Zweikomponentenkleber, um den dünnen Draht der Creole in den Kleber einzubetten.
Das Arrangieren der Steine erfolgt auf der Schmuckunterlage zuerst ohne Klebstoff. Beachten Sie, daß eine Gruppierung von spitzen Ovalen auf einen gedachten Mittelpunkt ausgerichtet ist. Nehmen Sie Stein für Stein mit einer Pinzette auf, geben einen Punkt Kleber auf den Untergrund und setzen den Stein auf.

40

41

Zu den Abbildungen auf Seite 41
Materialbedarf:
Grundelemente Nr. 16, 17, 20, 26 – 28, 31, 37, 45, 50; runde und spitzovale gefaßte Steine in Schwarz und Wachsweiß
Fertigungshinweise:
entsprechend der obigen Beschreibung.
Die Gestaltung mit der dreieckigen Grundplatte (unten rechts) ist als Ohrclip gefertigt.

Gestaltungstip:
Formenwiederholung

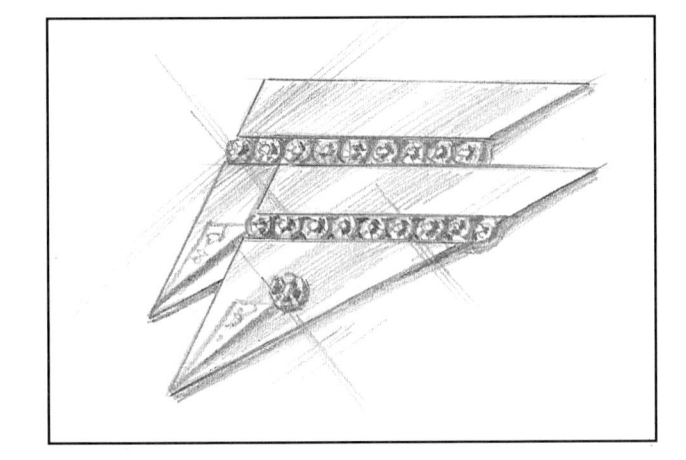

Dieselbe Form wird wiederholt. Dabei könnte sie die Färbung oder Oberfläche wechseln.

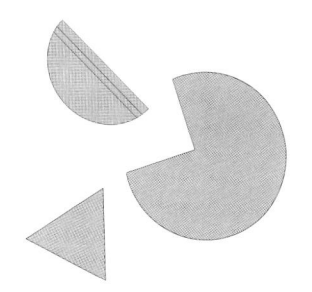

Schillernde Farben

von Straß und Wismutkristallen

Smaragdgrün, Aquamarinblau und Saphirblau sind die dominierenden Farben dieser Schmuckserien. Einmal sind es die Straßkettengruppierungen, von denen eine faszinierende Wirkung ausgeht, und zum anderen bestechen die grün-blau schillernden Wismutkristalle nicht nur durch ihre Farben, sondern auch durch die bizarren Formen. Ein exklusiver Modeschmuck, den Sie fertig wohl in keinem Geschäft kaufen können.

Zu den Abbildungen auf Seite 44
Materialbedarf:
Grundelemente Nr. 16, 20 – 26, 28, 29, 31, 36 – 38, 45, 48, 50, 52; Ketten aus kesselgefaßten Straßsteinen in Smaragdgrün, Aquamarinblau und Saphirblau, blau-irisierende Glasrosen
Fertigungshinweise:
Zum Aufkleben der geraden Straßketten zuerst ein Röhrchen aufkleben, dann eine schmale Klebstofflinie ziehen, die Straßkette vor den Kleber legen und mit Hilfe eines losen Röhrchens zügig in den Kleber bis zum Anschlag schieben. Mit den anderen Ketten ebenso verfahren.
Für jede geschwungene Kette eine entsprechende dünne Klebstofflinie ziehen und die Kette Glied für Glied aufsetzen. Dabei das Ende leicht anheben. Bei dem Ohrhänger wird die Straßkette zuerst unter Spannung und ohne Klebstoff in den noch losen Ring

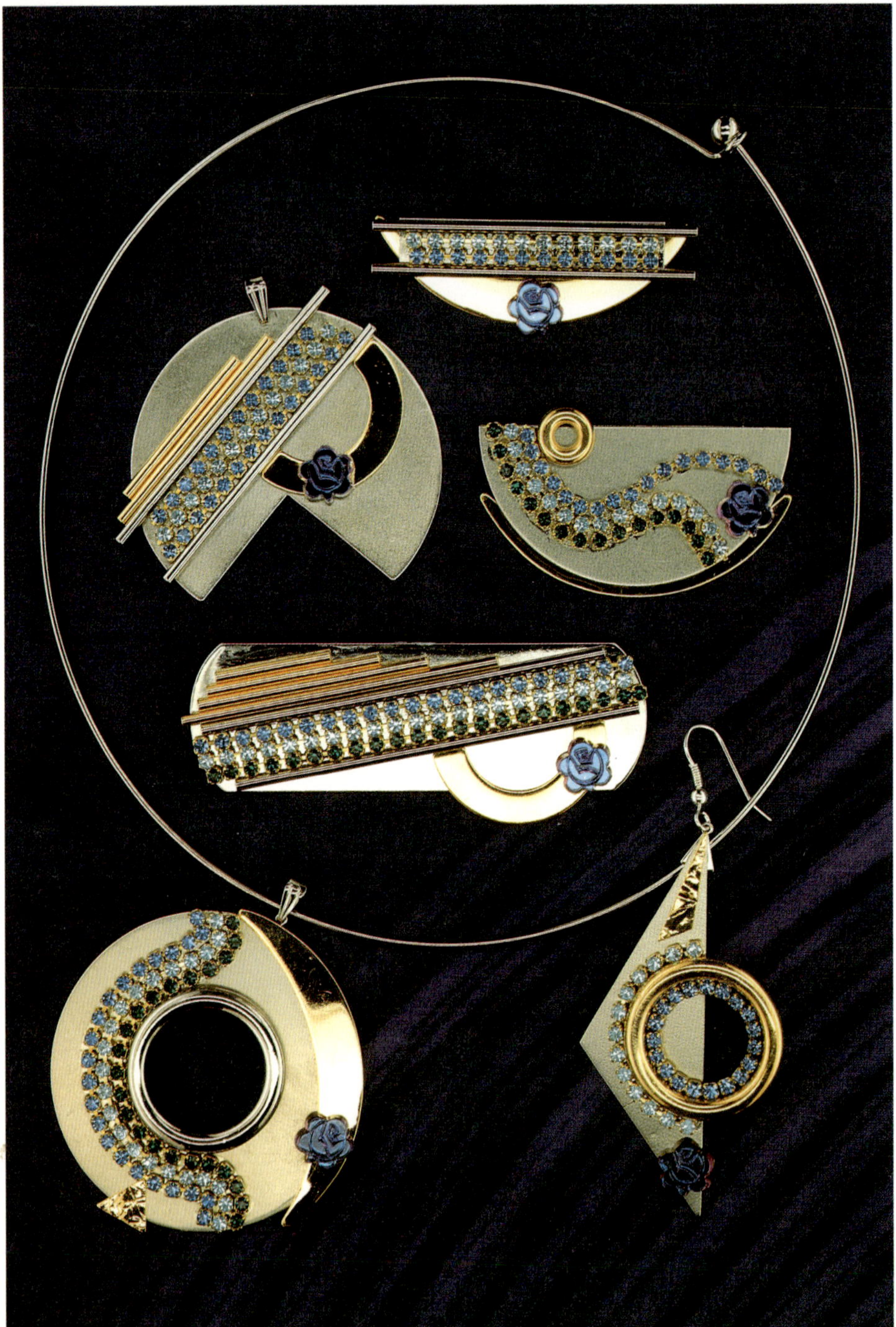

45

gedrückt. Dann von der Rückseite Kleber in die engen Materialspalten „kriechen" lassen.
Die obere Brosche besteht aus dem Rechteckelement Nr. 31 mit den beiden Straßketten und den zwei Röhrchen. Das Sichelelement Nr. 38 wird zum Schluß dahintergeklebt. Hinter der halbkreisförmigen Brosche befindet sich ebenfalls eine Sichelform.

Zu den Abbildungen auf Seite 45
Materialbedarf:
Grundelemente Nr. 7, 18, 20–22, 27, 28, 31, 32, 37–39, 44, 48, 50, 52; Krawattenschieber, Wismutkristalle
Fertigungshinweise:
Die Wismutkristalle sind unterschiedlich in Form und Größe. Um sie fest verkleben zu können, muß ihre Unterseite mit schnellhärtendem Zweikomponentenkleber geglättet werden. Geben Sie Kleber in der erforderlichen Menge auf den Kristall und setzen ihn mit dem Klebstoff zuerst auf eine Polyethylenfolie. Nach dem Aushärten haben Sie eine spiegelglatte Fläche, die mit dem Spezialkleber weiterverarbeitet werden kann.

Gestaltungstip:
Formenkontrast

Gegensätzliche Formen bestimmen die Gestaltung, jedoch würden zu viele verschiedene Formen Unruhe hervorrufen.

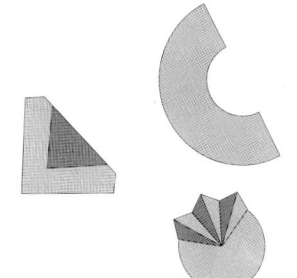

Straß und Bergkristalle

Klassische Elemente des Modeschmucks

Verarbeitet werden zu diesem Schmuck überwiegend zierliche Grundelemente wie die Sichelform Nr. 38 und Elemente mit einer Innenöffnung, die sehr leicht wirken. Die Sichelform läßt sich vielseitig miteinander kombinieren. Die großen Colliers werden aus zwei bzw. drei Sichelformen geklebt – eine im Hinblick auf die Haltbarkeit etwas gewagte Verbindung, die aber wegen ihrer eleganten Form gerne nachgearbeitet wird. Sparsam aufgesetzte Straßsteine in Metallfassungen setzen funkelnde Akzente.

Zum Gestalten von Ohrschmuck ist die Sichelform ebenfalls bestens geeignet. Legen Sie nur einmal drei Teile vor sich auf den Tisch und beginnen Sie, spielerisch Ihre Ohrhänger zu entwerfen. Sie werden über die vielen Möglichkeiten überrascht sein. Um die Platte der auf der schmalen Form sichtbaren Anhängeröse zu verdecken, wird in die Gestaltung das Dreieckelement Nr. 52 mit einbezogen.

48

Etwas Besonderes ist der Schmuck mit den echten Bergkristallen, geschliffen zu Bergkristallspitzen oder -pyramiden. Da das Schleifen von Hand durchgeführt wird, sind die Bergkristalle in abweichenden Größen im Handel. In jedem Schmuckstück liegt der Kristall geschützt in einer Vertiefung ohne störenden Hintergrund, dadurch bleibt seine klare Transparenz voll sichtbar.

Zu den Abbildungen auf Seite 48
Materialbedarf:
Grundelemente Nr. 21, 38, 46, 50, 52; gefaßte Straßsteine

Zu den Abbildungen auf Seite 49
Materialbedarf:
Grundelemente Nr. 18, 21–23, 28, 34, 38, 47, 48, 50–52; Bergkristallspitzen (ca. 4 mm stark), Bergkristallpyramide (ca. 10 x 10 mm Grundfläche)
Fertigungshinweise:
Für die Kristallspitzen fertigen Sie Halterungen aus den Elementen Nr. 50 (mit feinstrukturierter O̶b̶e̶r̶f̶l̶ä̶c̶h̶e̶ Altgold/Altsilber). Drehen Sie mit ei̶n̶e̶r̶ ̶Z̶a̶n̶g̶e̶ der Spitze des schlanken Dreieck̶s̶ ̶e̶i̶n̶e̶ ̶Ö̶s̶e̶,̶ schieben Sie den Kristall bis zur ̶M̶i̶t̶t̶e̶ ̶e̶i̶n̶,̶ Durchmesser des Ringes so ein̶s̶t̶e̶l̶l̶e̶n̶,̶ ̶d̶a̶ß̶ ̶e̶r̶ fest sitzt. Als zusätzliche Sicherh̶e̶i̶t̶ ̶k̶ö̶n̶n̶e̶n̶ ̶S̶i̶e̶ ̶e̶b̶e̶n̶-̶ ten einen Tropfen Kleber zwische̶n̶ ̶K̶r̶i̶s̶t̶a̶l̶l̶ ̶u̶n̶d̶ ̶H̶a̶l̶t̶e̶-̶ rung „kriechen". Dann die Halterung ̶s̶o̶ ̶a̶u̶f̶ ̶d̶a̶s̶ Schmuckstück kleben, daß der Kristall tie̶f̶e̶r̶ ̶l̶i̶e̶g̶t̶ ̶u̶n̶d̶ so von allen Seiten geschützt ist.
Die Bergkristallpyramide für den Anhänger wird zuerst sauber auf das quadratische Rahmenelement Nr. 34 geklebt. Dann rechts und links Röhrchen an den Rahmen kleben, die die Verbindung zur Raute herstellen.

Gestaltungstip:
Dreidimensionale Gestaltung

Eine plastische Tiefenwirkung erzielen Sie mit dreidimensionalen Elementen. Auf Röhrchen, Ringen, Stangen oder Scheiben aufgesetzte Flächen bringen ebenfalls Tiefe in die Gestaltung.

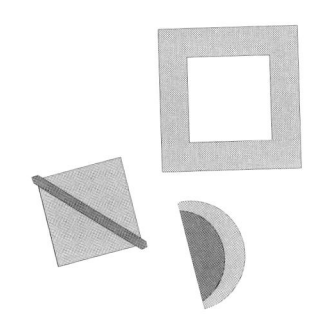

Gebogene Elemente

mit dreidimensionaler Wirkung

Ausschließlich Ohrhänger oder Kettenanhänger zeigt die erste Abbildung dieser dreidimensionalen Schmuckserie. Das tropfenförmige Element ist Gestaltungsmittel und Aufhängeröse zugleich. Während hier goldene und altgoldene Elemente vorherrschen, besteht der Schmuck der zweiten Abbildung ausschließlich aus silbernen und altsilbernen Teilen. Unter der Silberserie befinden sich auch zwei Broschen. Ein außergewöhnliches Schmuck-Design, mit dem Sie Aufmerksamkeit erregen werden.

Zu den Abbildungen auf Seite 52
Materialbedarf:
Grundelemente Nr. 4, 5, 9, 18, 21–24, 46; gefaßte Steine, tropfenförmige Metallelemente
Fertigungshinweise:
Zwei gegeneinandergeklebte dreidimensionale Grundelemente (Nr. 4, Nr. 9) werden auf der Rückseite durch die zusätzlich über beide Elemente geklebte Rautenform Nr. 46 stabilisiert.
Die tropfenförmigen Elemente vor dem Aufkleben mit Zweikomponentenkleber ausfüllen. Nähere Hinweise dazu auf Seite 18.

Zu den Abbildungen auf Seite 53
Materialbedarf:
Grundelemente Nr. 2, 9, 21, 34; tropfenförmige Metall-

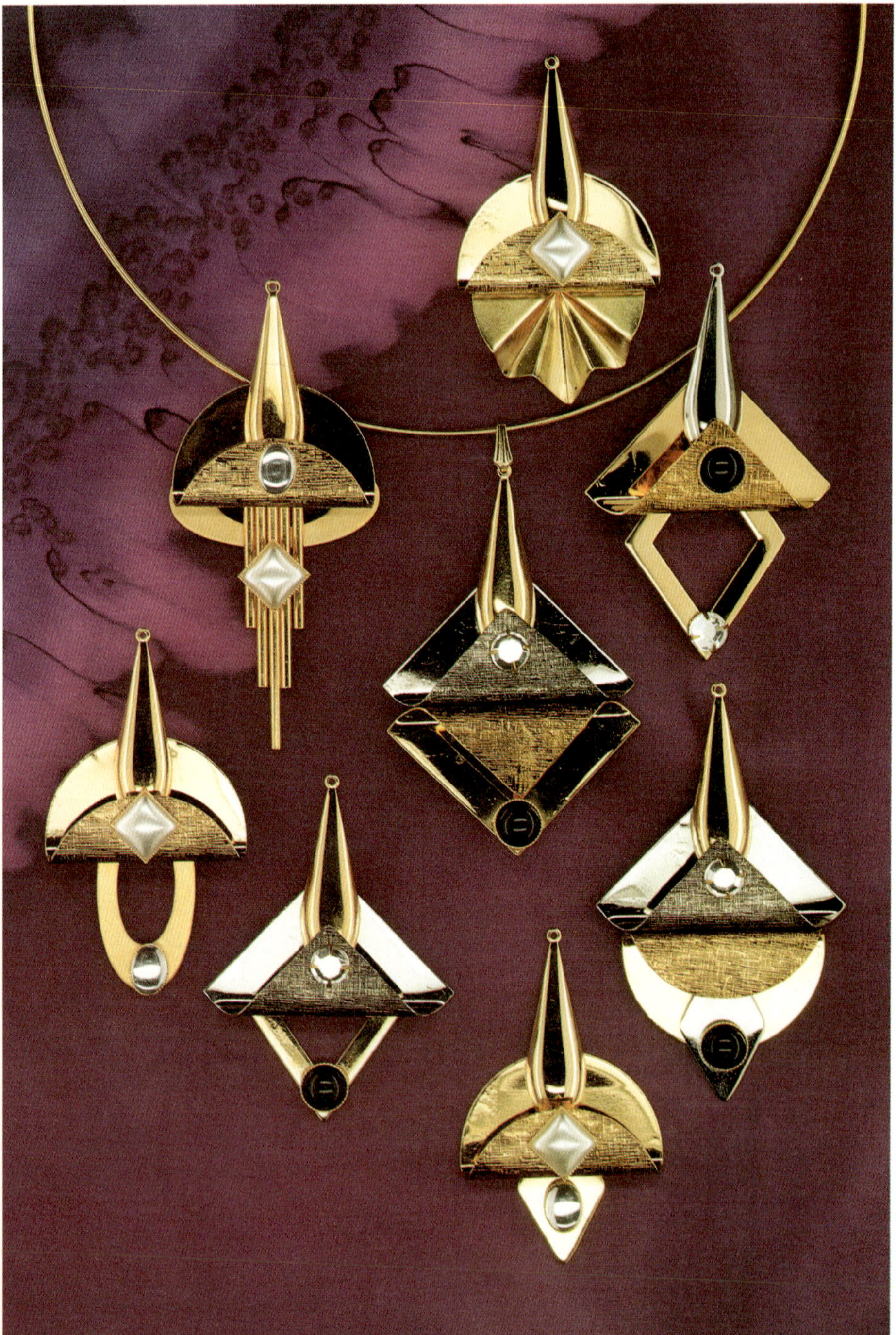

53

elemente, große Collierplatte in Sichelform, gefaßte Steine, amethystfarbene flache Straßsteinchen, Kette aus kesselgefaßten Straßsteinen

Fertigungshinweise:
Für alle auf dieser Seite gezeigten Schmuckteile ist das Grundelement Nr. 2 als Verbindungsplatte verwendet worden. Bei einigen Modellen ist von diesem Teil nur noch die Straßkette sichtbar. Zum Einsetzen der Straßkette in die Rinne Kleber geben, Kette auf Länge zuschneiden und straffgehalten in die Führung legen. Die quadratischen Stegrahmen können Sie leichter aufkleben, wenn sie vorher auf einer Polyethylenfolie zusammengeklebt werden. Das Einsetzen in das Schmuckteil erfolgt dann als geschlossene Gruppe. Die tropfenförmigen Elemente vor dem Aufkleben mit Zweikomponentenkleber ausfüllen. Nähere Hinweise dazu auf Seite 18.

Gestaltungstip:
Größenkontrast

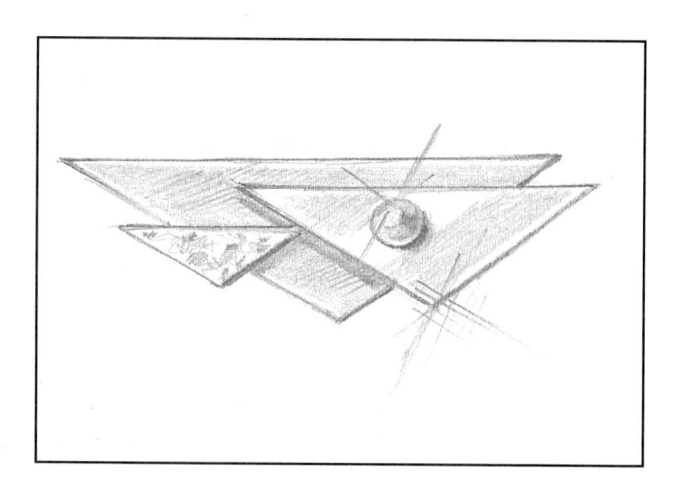

Formen werden in unterschiedlichen Größen wiederholt.

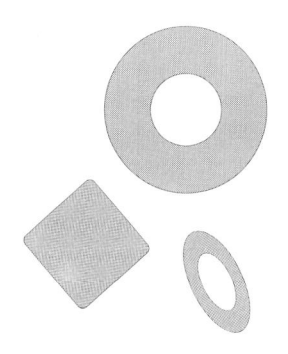

Herrenschmuck

Selbstverständlich auch für Damen

Diese Schmuckserie enthält Stabbroschen, die senkrecht am Revers getragen werden, Reversnadeln und Krawattenschieber. Herren, die Mut zum Modeschmuck zeigen – und es werden immer mehr –, finden hier eine Vielzahl von Möglichkeiten zum Nacharbeiten oder Anregungen für eigene Schmuckkreationen.

Der strenge grafische Stil wird durch die geometrischen Grundformen erreicht wie Ringe, Quadrate, Rechtecke, Dreiecke sowie runde und quadratische Steine. Eine wichtige Rolle spielen auch bei dieser Schmuckgestaltung dünne Röhrchen in Gold und Silber. Sie ermöglichen die sehr schmalen, schlanken Modelle, besonders bei den Stabbroschen. Hier können Sie durch entsprechende Kombinationen verschiedener Röhrchenlängen die Länge der Stabbrosche nach Ihrem Geschmack bestimmen. Auch die Frage, ob der Schmuck gold oder silber werden soll, können Sie ganz individuell entscheiden. Vielseitig verwendbar ist die Kombination von Gold und Silber als Bicolor-Schmuck, wie sie teilweise in den Abbildungen zu sehen ist.

Diese Reversnadeln sind alle aus einer rechteckigen Grundplatte gefertigt. Ringe und große Scheiben geben dem Schmuck eine besonders plastische Tiefe. Einzelne Straßsteinchen setzen kleine funkelnde Punkte. Eine Nadel mit großer Klebeplatte ist unbedingt erforderlich.

Wenn diese Schmuckserie auch als Herrenschmuck vorgestellt wird, so soll damit nicht gesagt sein, daß nicht auch Damen die Stabbroschen und Reversnadeln tragen können.

57

Zu den Abbildungen auf Seite 56
Materialbedarf:
Grundelemente Nr. 11, 22 – 24, 29 – 31, 52; gefaßte Steine, flache, ungefaßte Straßsteinchen, Schmuckscheiben 19 mm ∅, Nadeln mit großer Klebeplatte

Zu den Abbildungen auf Seite 57
Materialbedarf:
Grundelemente Nr. 22 – 26, 34, 50, 51; gefaßte Steine, flache, ungefaßte Straßsteinchen, Krawattenschieber, Broschennadeln mit schmaler Leiste, 50 mm lang
Fertigungshinweise:
Ermitteln Sie mit dem zu verwendenden Material die gesamte Schmucklänge. Bei den Stabbroschen dürfen die Röhrchen auf beiden Seiten überstehen, mit der Länge der Krawattenschieber sollten sie genau abschließen, da die Verklebung bei überstehendem Material einer starken Krafteinwirkung ausgesetzt wäre. Kleben Sie zuerst das Rahmenelement Nr. 34 auf. Broschenleiste und Krawattenschieber haben genau die Breite von zwei bzw. drei Röhrchen, so daß sie die gesamte Auflagefläche abdecken, darum kann der Kleber direkt auf die Flächen gegeben werden.

Gestaltungstip:
Reihung

Das Aneinanderreihen steigert die Wirkung der einzelnen Formen und strahlt trotzdem Ruhe aus. Eine gelegentliche oder rhythmische Unterbrechung bringt Dynamik in die Gestaltung.

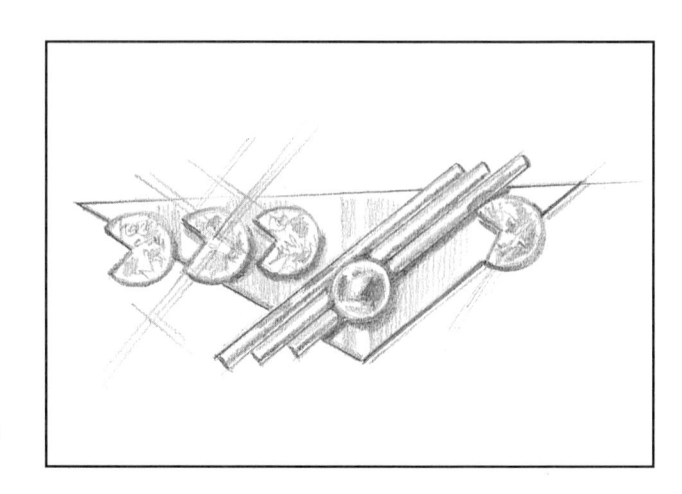

Leder und Moosgummi

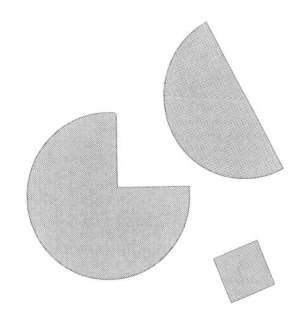

Modische Materialkontraste

Die letzten beiden Schmuckserien in diesem Buch unterscheiden sich von allen übrigen durch die neuen Gestaltungskomponenten Leder und Moosgummi. In Verbindung mit den Metallelementen entstehen sehr dekorative Materialkontraste. Die Fertigung dieser Schmuckstücke erfordert etwas mehr handwerkliche Betätigung. Das Leder wird auf die entsprechenden Grundelemente geklebt. Die Moosgummiformen schneiden Sie mit Hilfe der Schablonen aus 2 mm starken Platten. Passend zum Material werden auch die Schnüre für den Halsschmuck gewählt: Kautschukbänder für den Moosgummischmuck, Lederbänder für den Lederschmuck.

Zu den Abbildungen auf Seite 60
Materialbedarf:
Grundelemente Nr. 9, 24, 28, 36 – 38, 41, 50, für das Bekleben mit Leder: Nr. 20, 37, 39, 47; weiße bzw. dunkelblaue Handschuhlederreste, Straßkesselkette in Aquamarinblau, gebogene Röhrchen aus dem Zubehör für Halsketten, gefaßte Steine und flache Straßsteinchen
Fertigungshinweise:
Für die Lederarbeiten benötigen Sie eine Arbeitsunterlage aus Polyethylen (Haushaltsfolie). Schneiden Sie ein etwa doppelt so großes Stück wie die eigentliche Form zu und bestreichen es mit Alleskleber. Auch auf

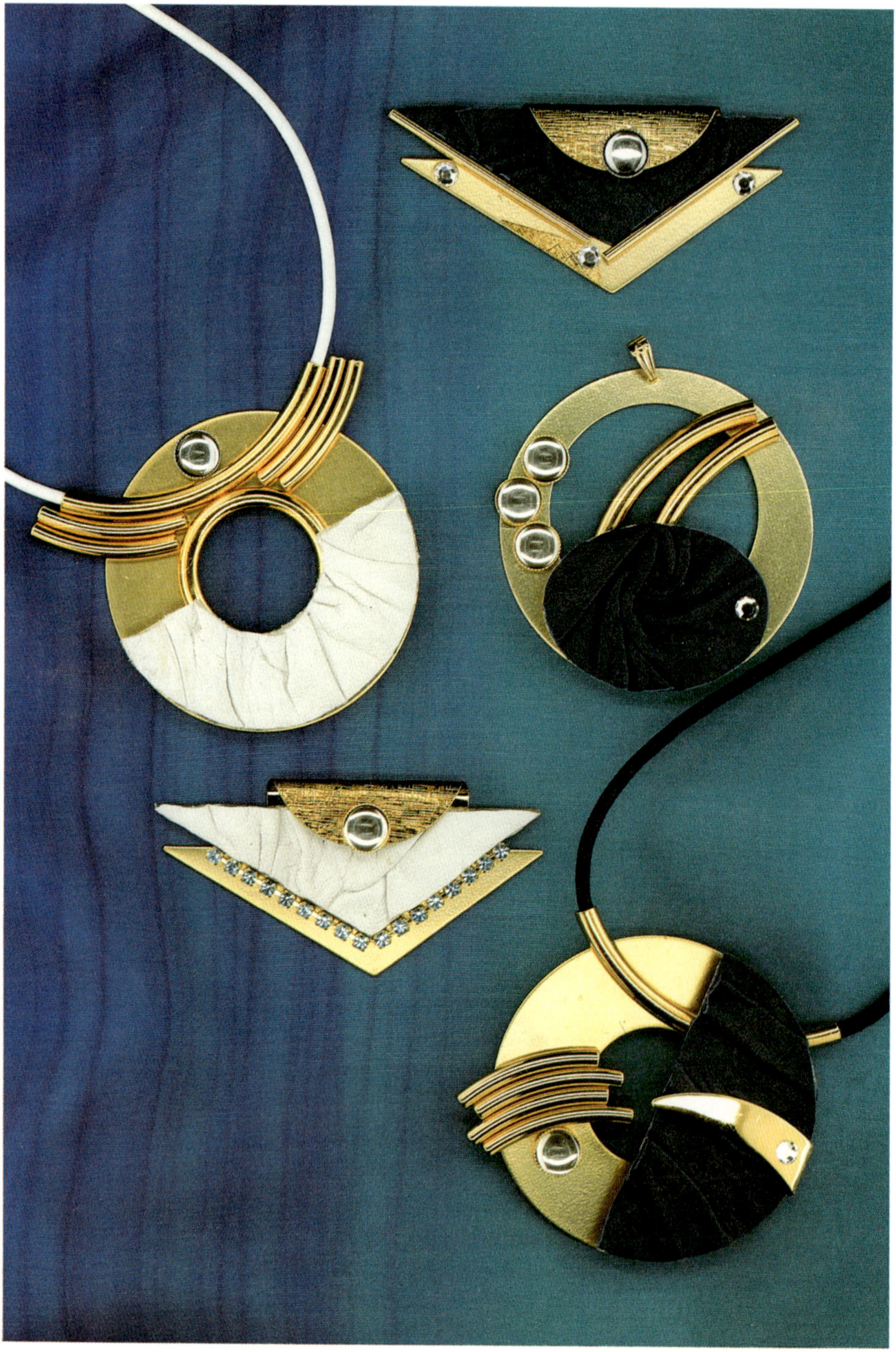

61

das entsprechende Grundelement wird reichlich Klebstoff aufgetragen. Das Leder auf die Form legen und so zusammenschieben, daß mehrere kleine Falten entstehen. Durch den Klebstoff wird das Leder noch geschmeidiger. Ist der gewünschte Effekt erreicht, zum Trocknen ruhig liegenlassen. Hin und wieder das Leder leicht andrücken. Achten Sie besonders an den Kanten auf guten Kontakt mit dem Untergrund. Mehrere Stunden trocknen lassen, dann das Leder sauber abschneiden.

Die Straßkette wird in zwei Stücke passend zugeschnitten. Ziehen Sie behutsam einen Kleberstrich auf der Unterlage und setzen Sie das Kettenstück auf. Das bereits aufgeklebte Lederelement dient als Stütze. Für den unteren Anhänger wird das Sichelelement Nr. 38 in der Mitte vorsichtig über ein 2 mm starkes Röhrchen gebogen und mit dem unteren Teil unter die lederbezogene Platte geklebt. Sollte die Vergoldung dabei etwas brechen, so schützen Sie die Bruchstelle vor dem Abblättern durch Bestreichen mit Alleskleber.

Zu den Abbildungen auf Seite 61
Materialbedarf:
Grundelemente Nr. 15, 20, 37, 38, 41, 45, 47, 48;
2 mm starke schwarze Moosgummiplatten, gefaßte Glassteine, Sternchen und kleine Musikinstrumente aus Glas
Fertigungshinweise:
Zum Schneiden des Moosgummis benutzen Sie für die geraden Kanten ein Papiermesser oder Skalpell. Die Rundungen gelingen am besten mit einer feinen, gebogenen Nagelschere. Für die Moosgummiformen benötigen Sie keine eigenen Grundformen als Unterlage. Geklebt wird mit cenario-Spezialkleber.

Zeichenschablonen für die Moosgummiteile in der Schmuckserie auf Seite 61

Gestaltungstip:
Materialkontrast

Die Kombination von Metallformen mit Teilen aus Leder, Holz, Kunststoff oder Glas erzeugt interessante Kontraste.

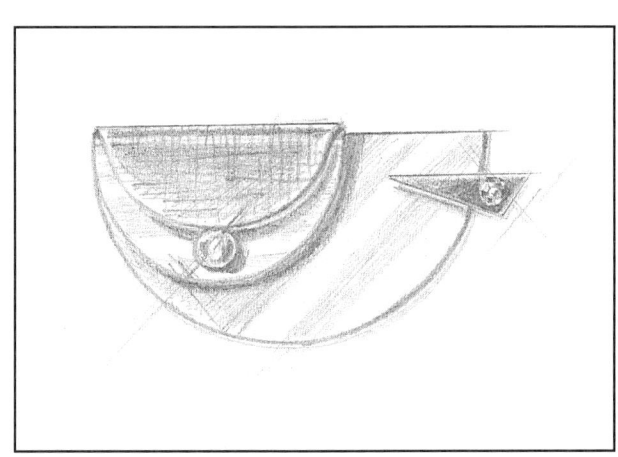

Braumann

Zubehörteile für Modeschmuck

L. Braumann GmbH · Wiesbaden

BROSCHEN
Modellierbroschen
Seidenmalbroschen
Glasmalbroschen

ZUBEHÖR
Ketten
Kreolen
Ringe
Broschenleistel- &
Platinen
Haarspangen
Manschettenknöpfe
Schal- &
Krawattenclips
Ohrhaken, -Clips &
-Stecker
Verschlüsse
Gürtelelemente
Medaillons
Hals- & Armreifen

KOMPONENTEN & PERLEN
Edelholzperlen
Metallkomponenten
Pressungen
Messingperlen &
-Komponenten

BÄNDER & SCHNÜRE
Kautschukschnüre
Lederriemen
Gürtelbänder
Satinkordeln
Satinbänder

SCHMUCKSTEINE
Flitter
Perlmuttelemente
Edelsteine
Schliffsteine
Glassimili & Muggel